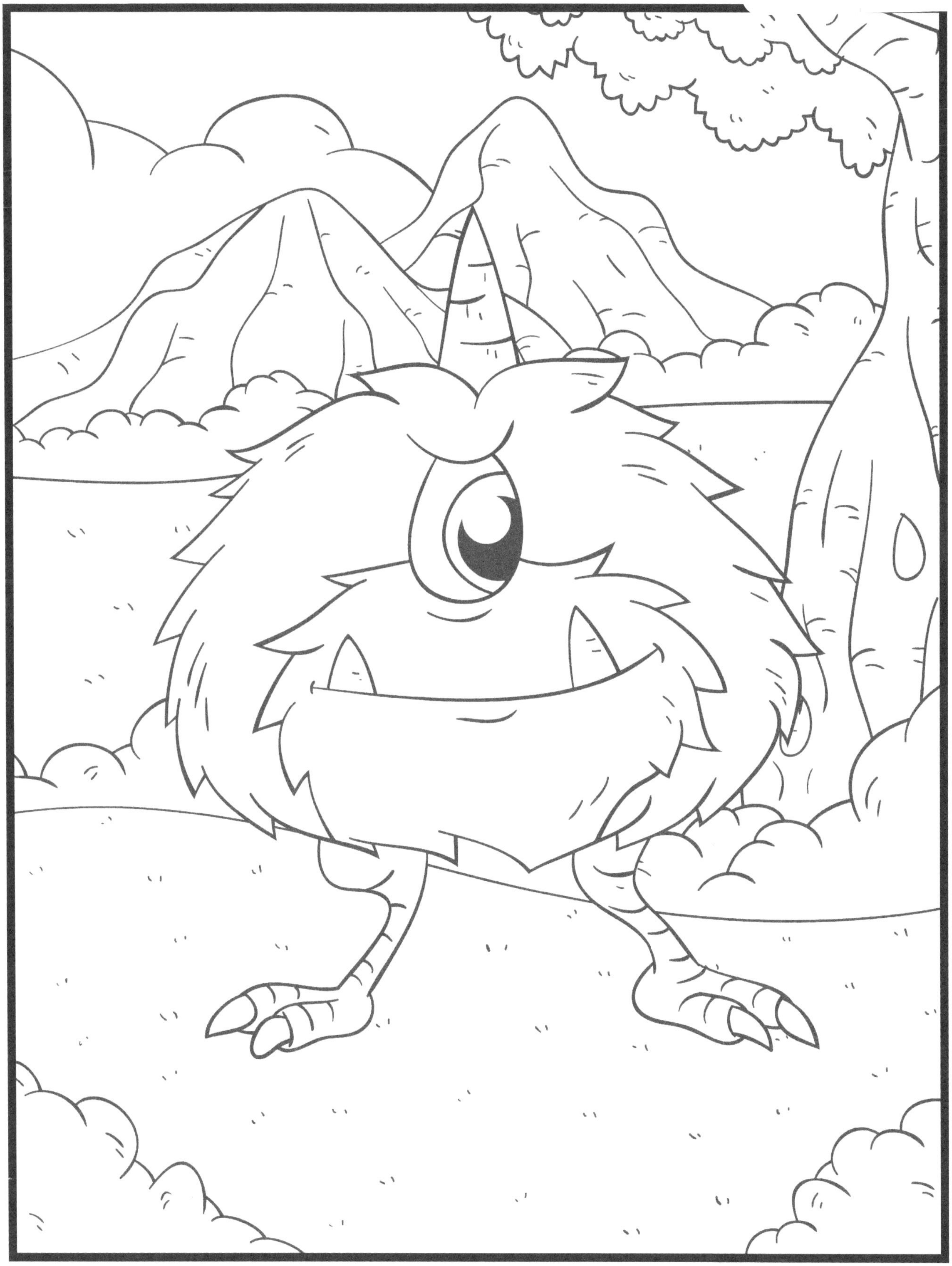

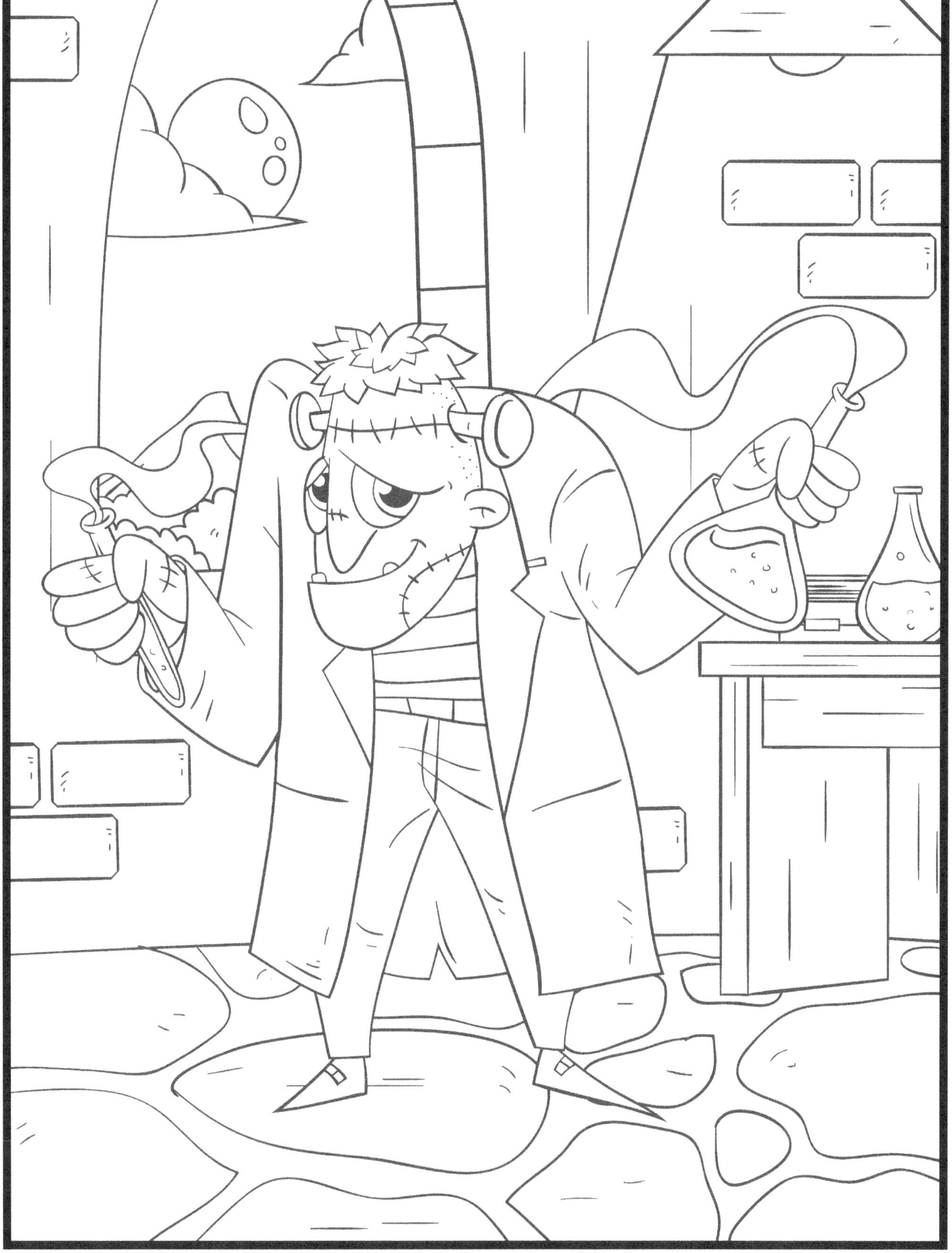

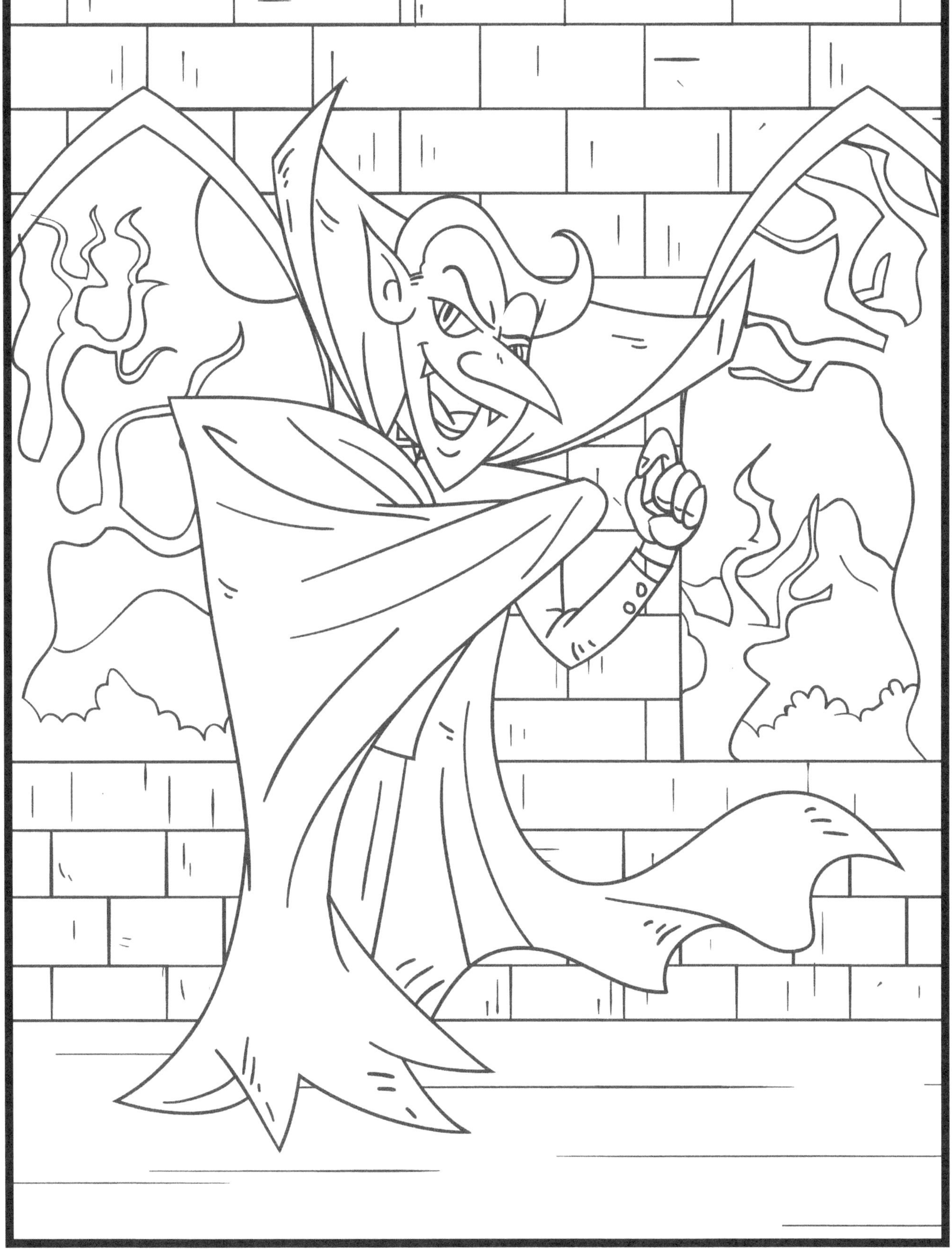

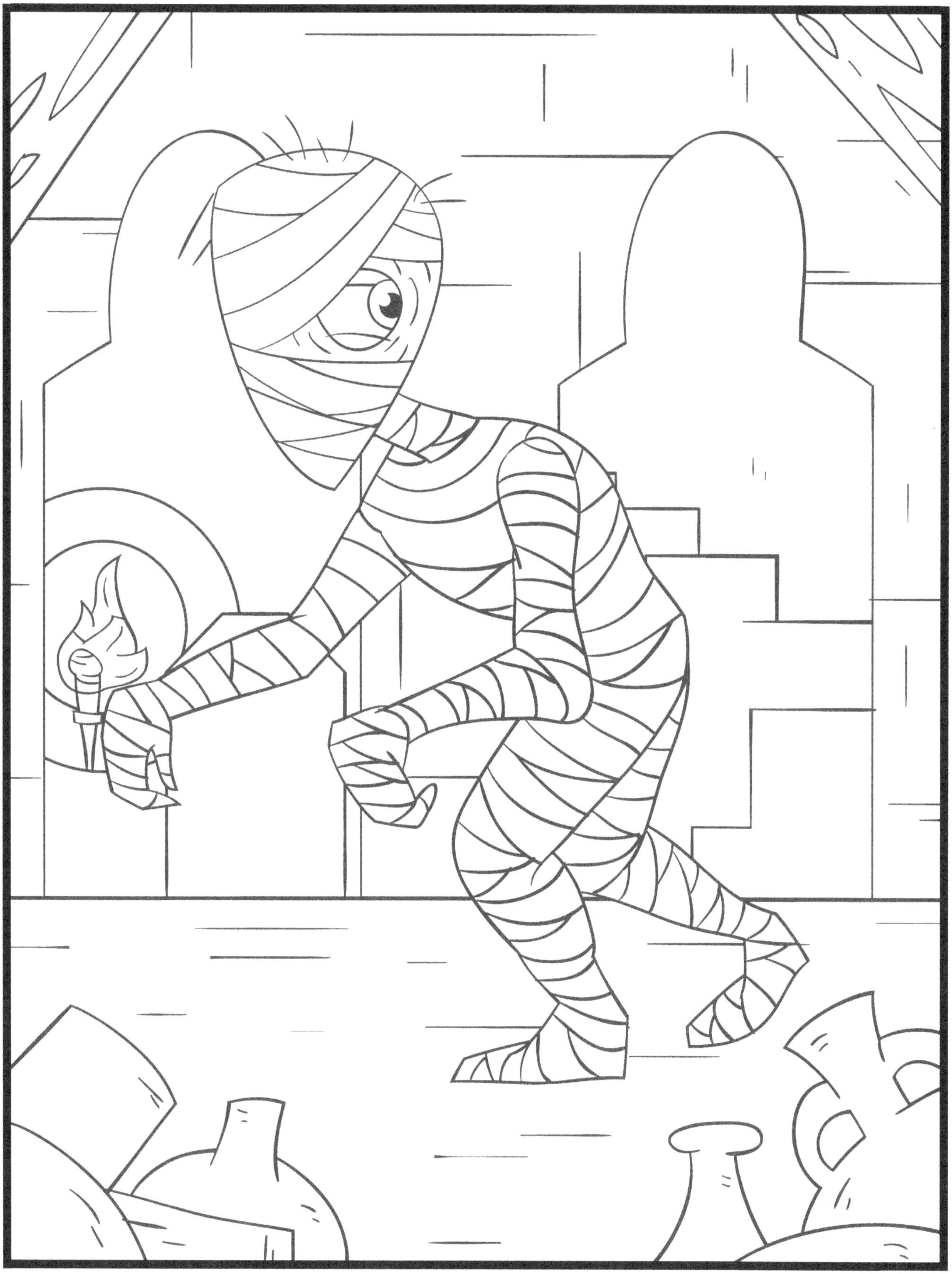

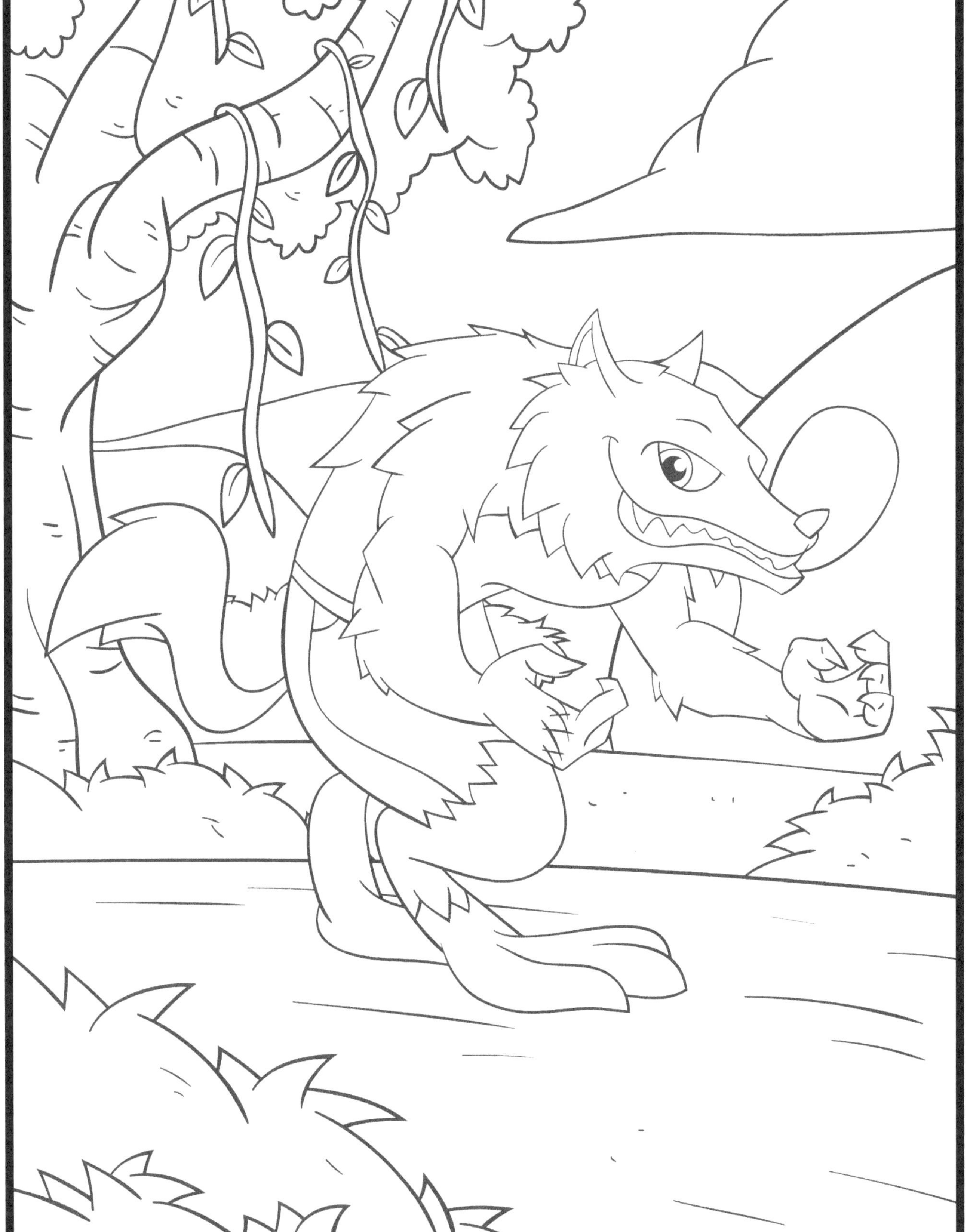

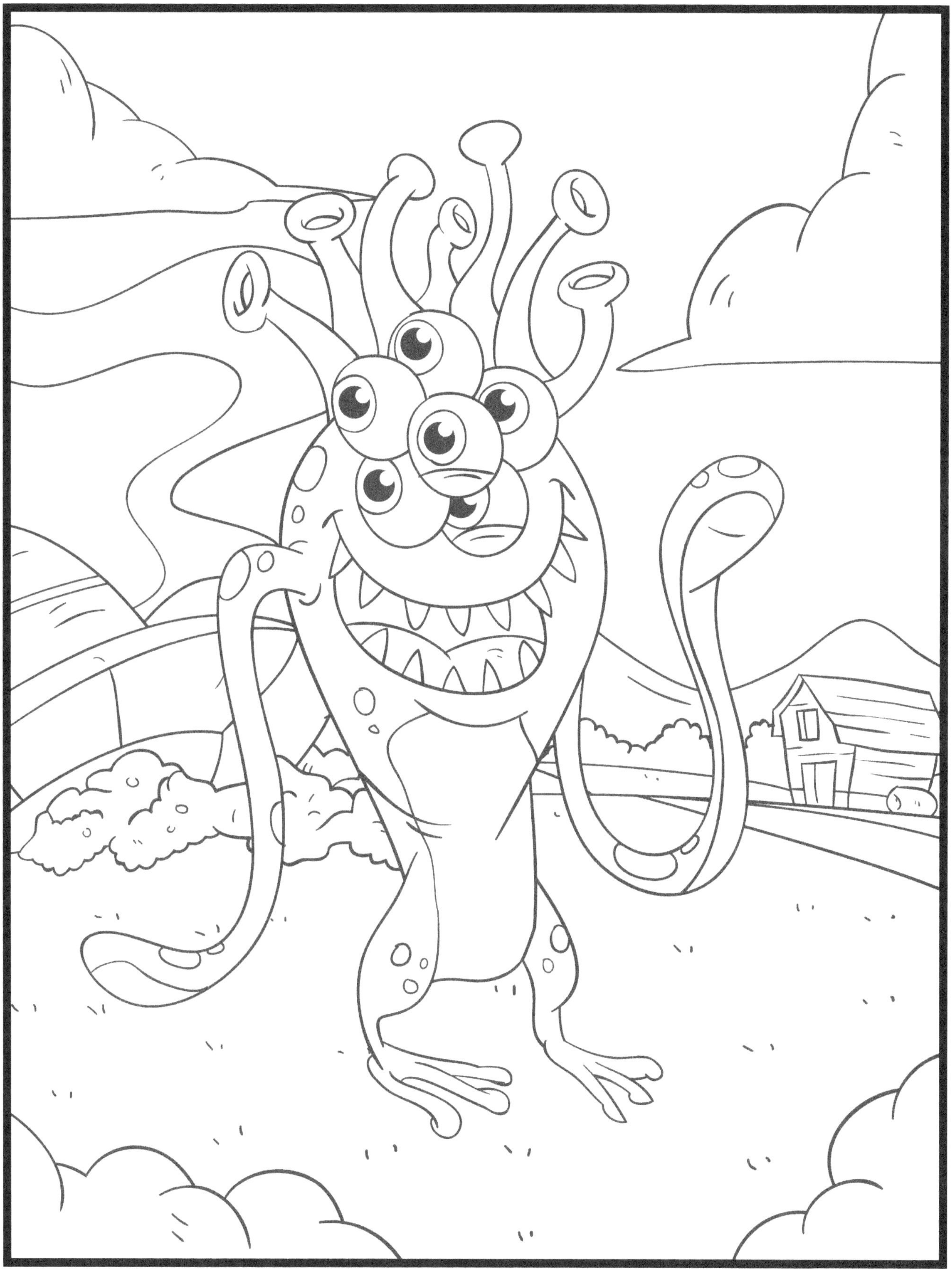

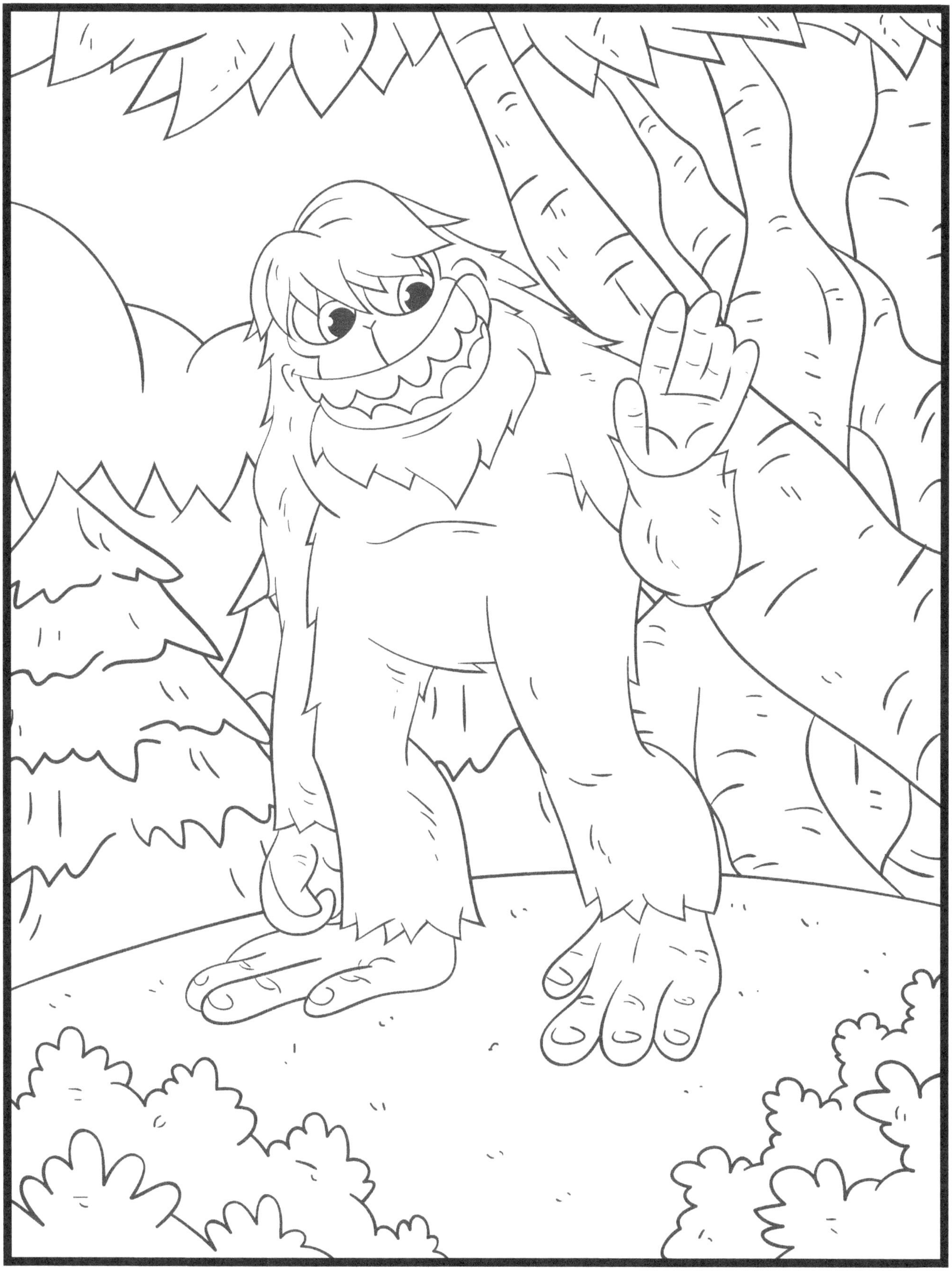

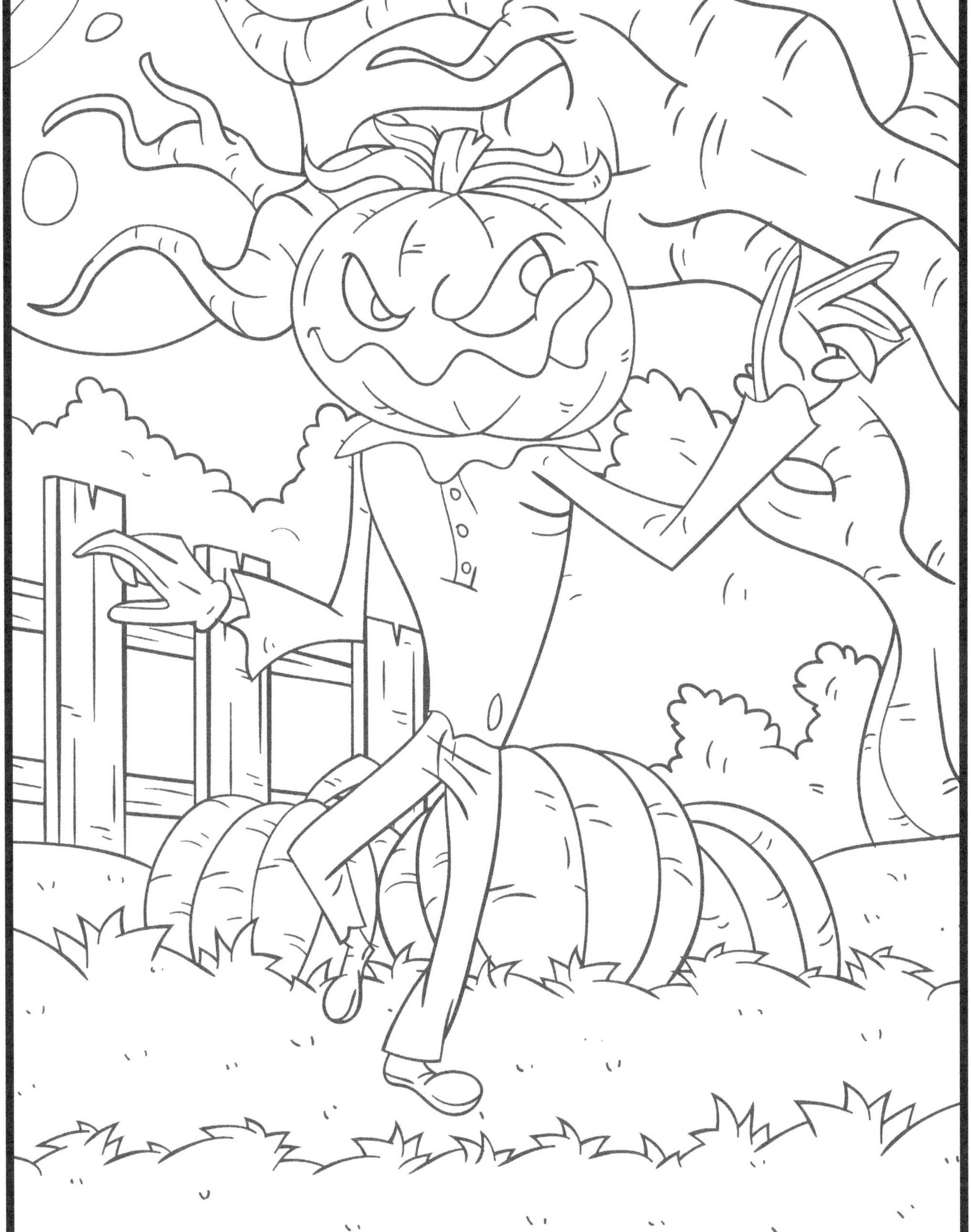

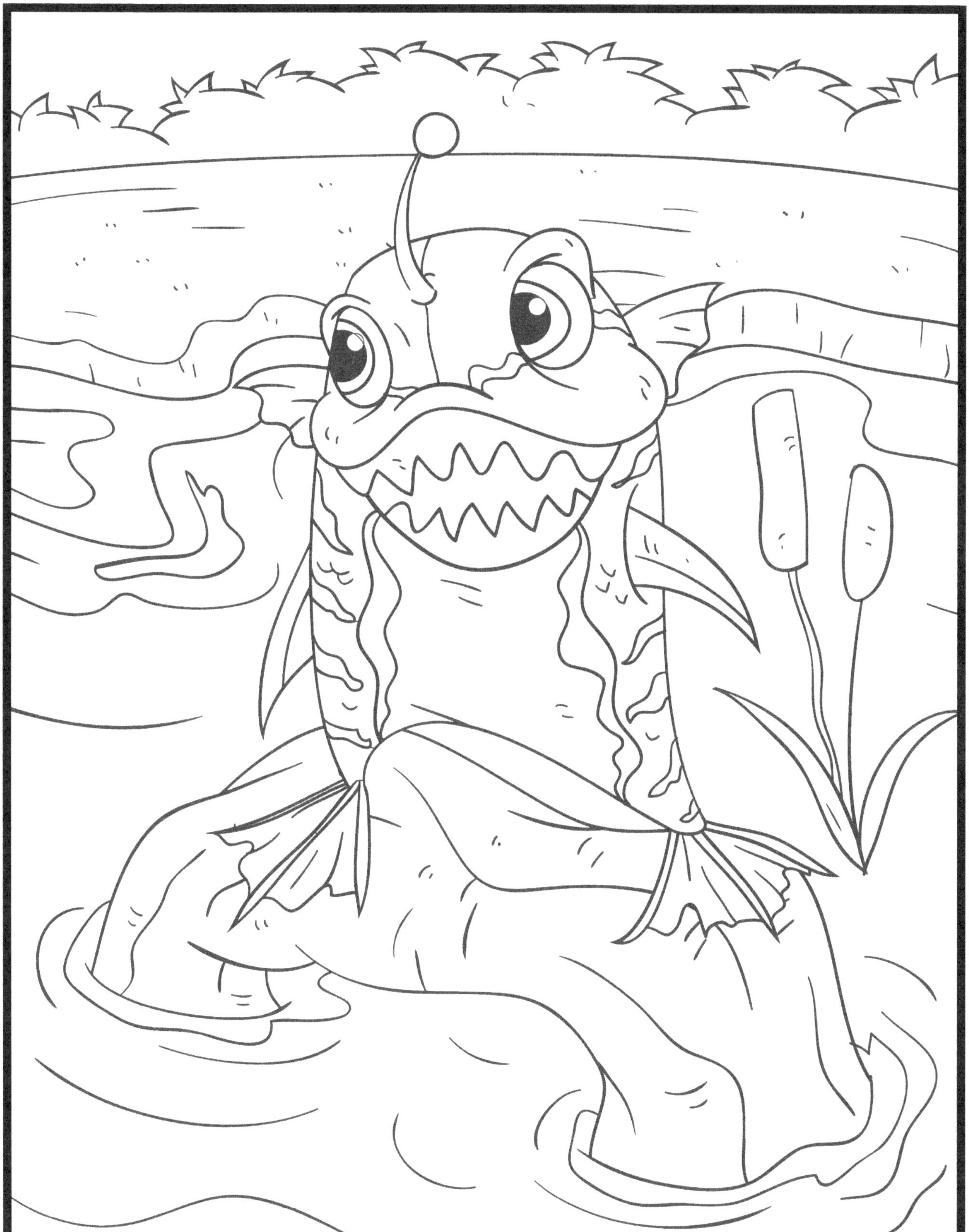

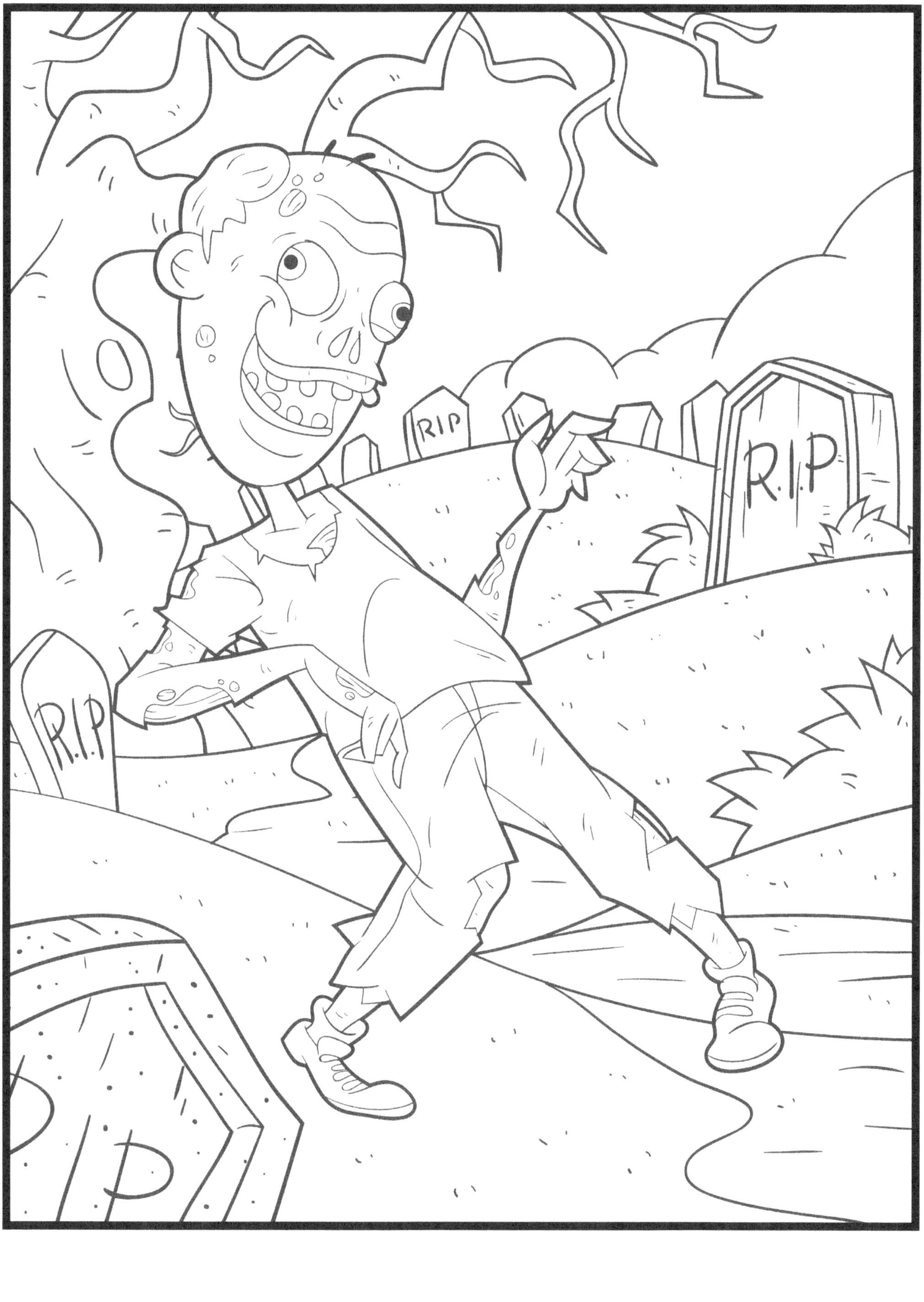

RIP
R.I.P
R.I.P

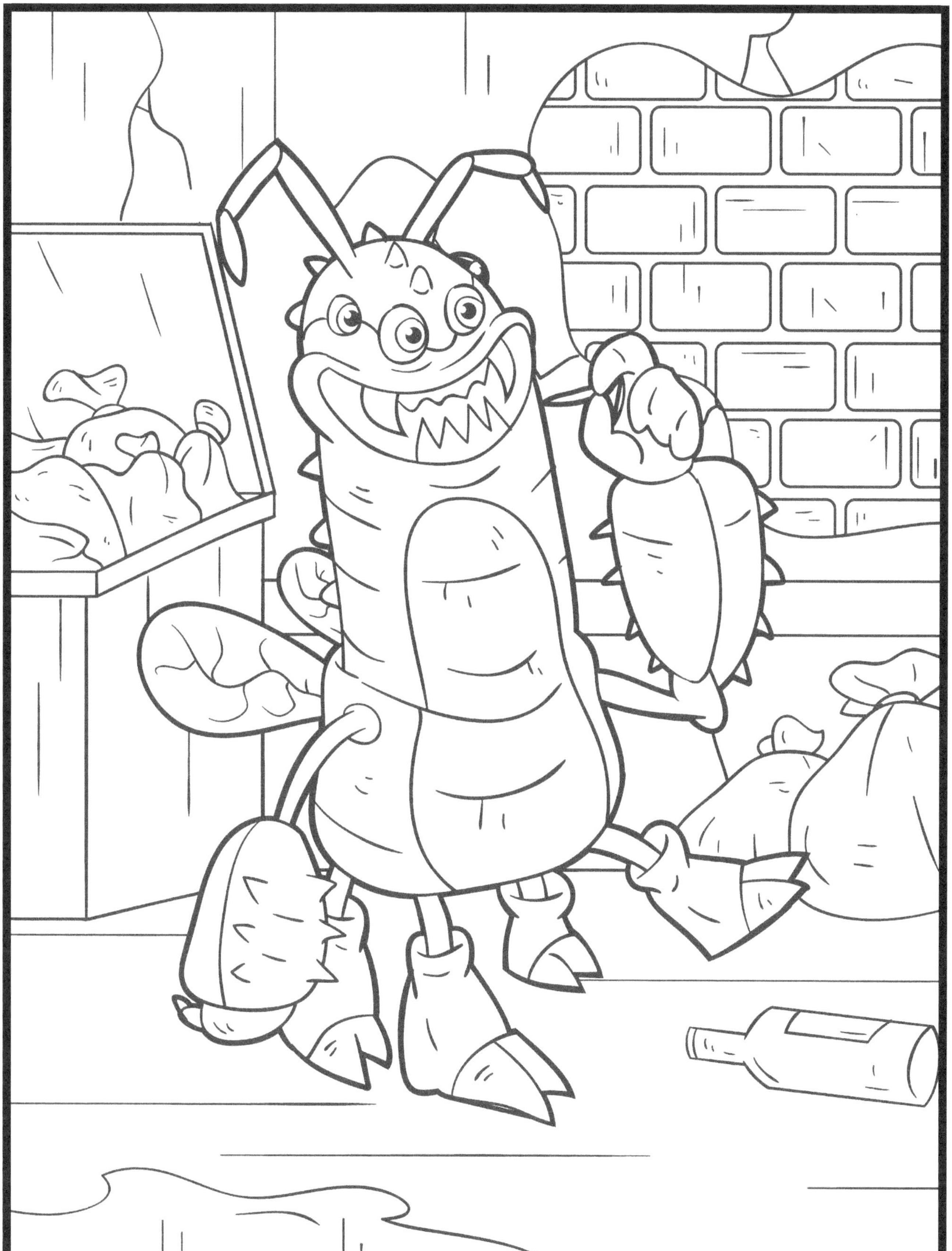

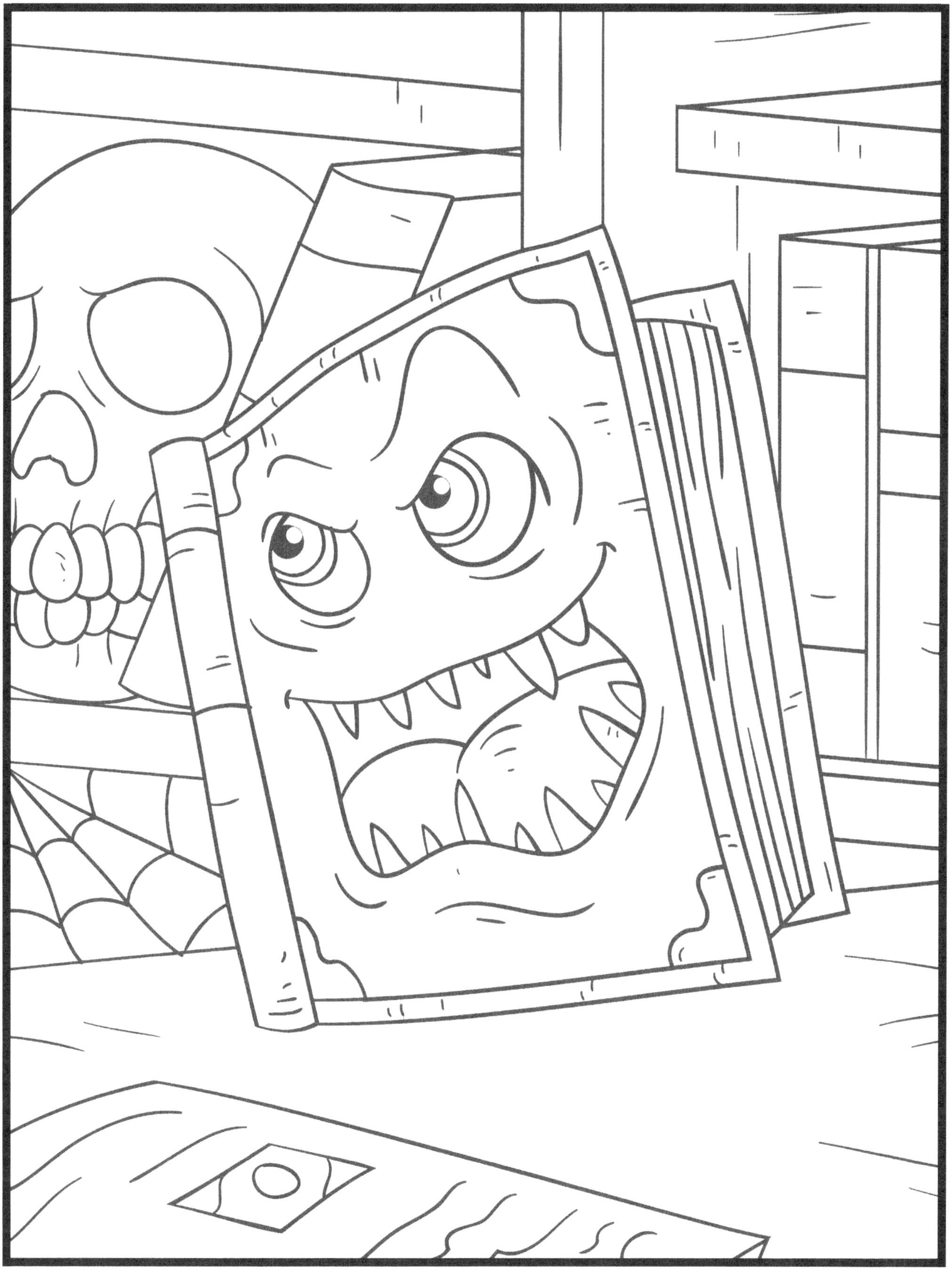

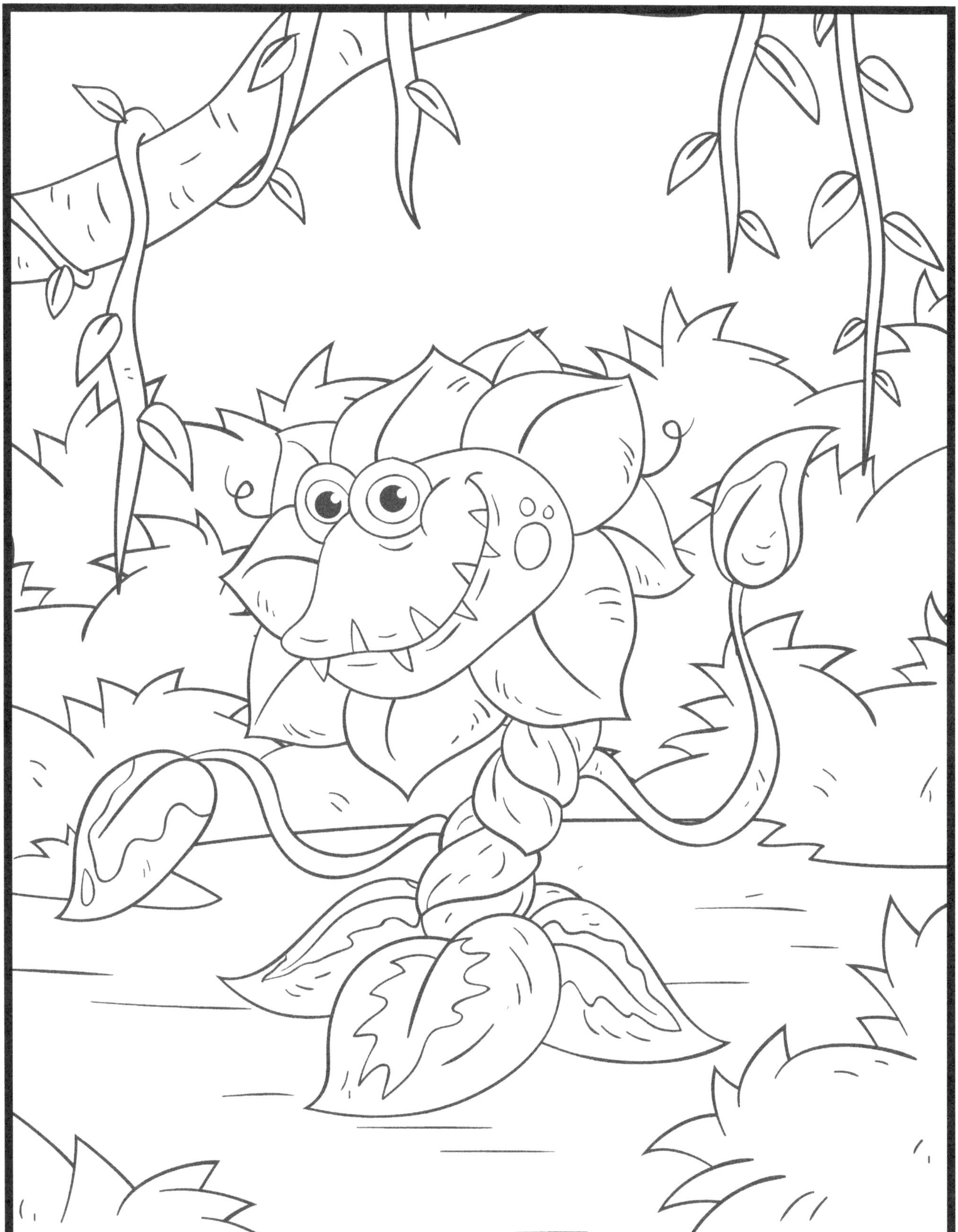

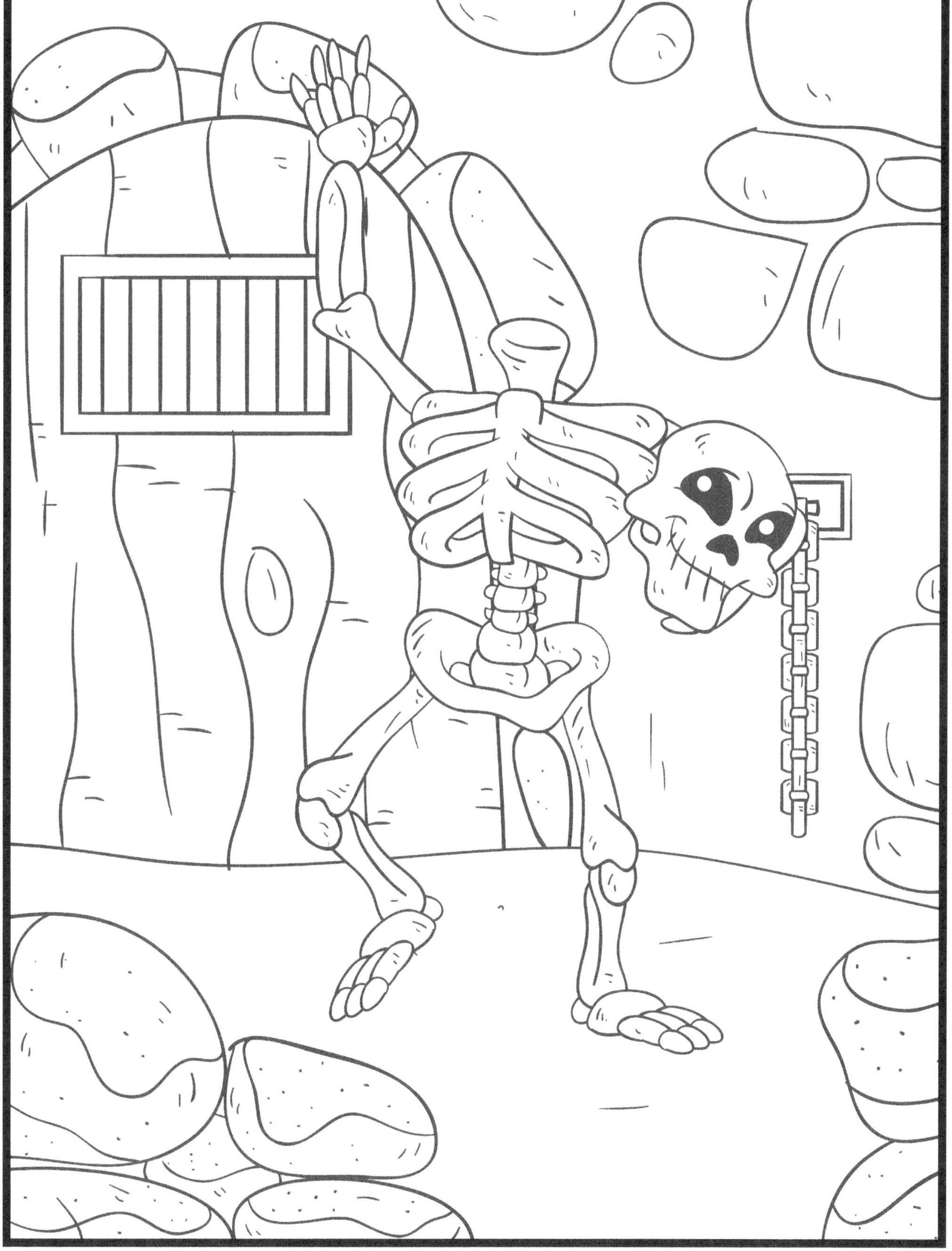

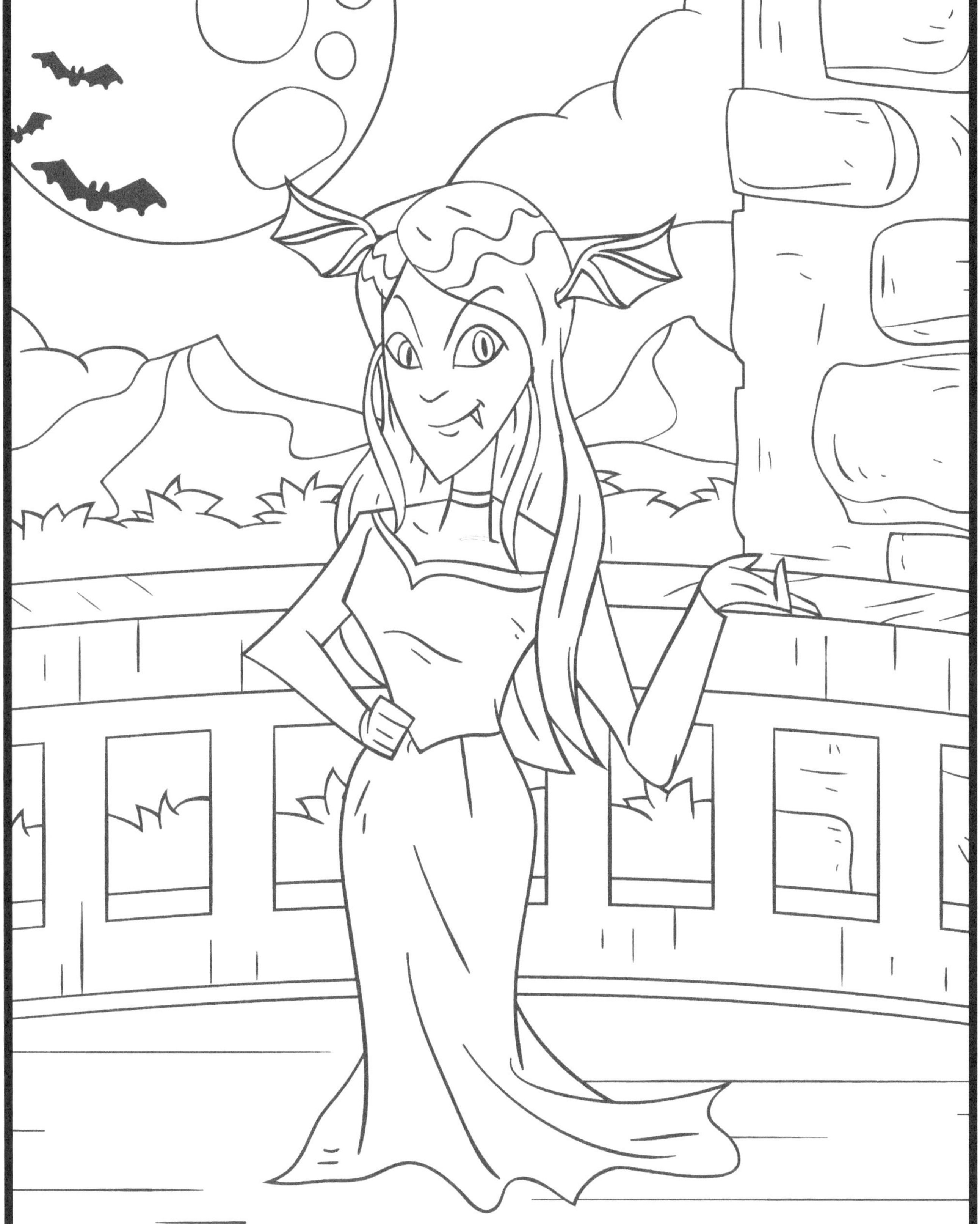

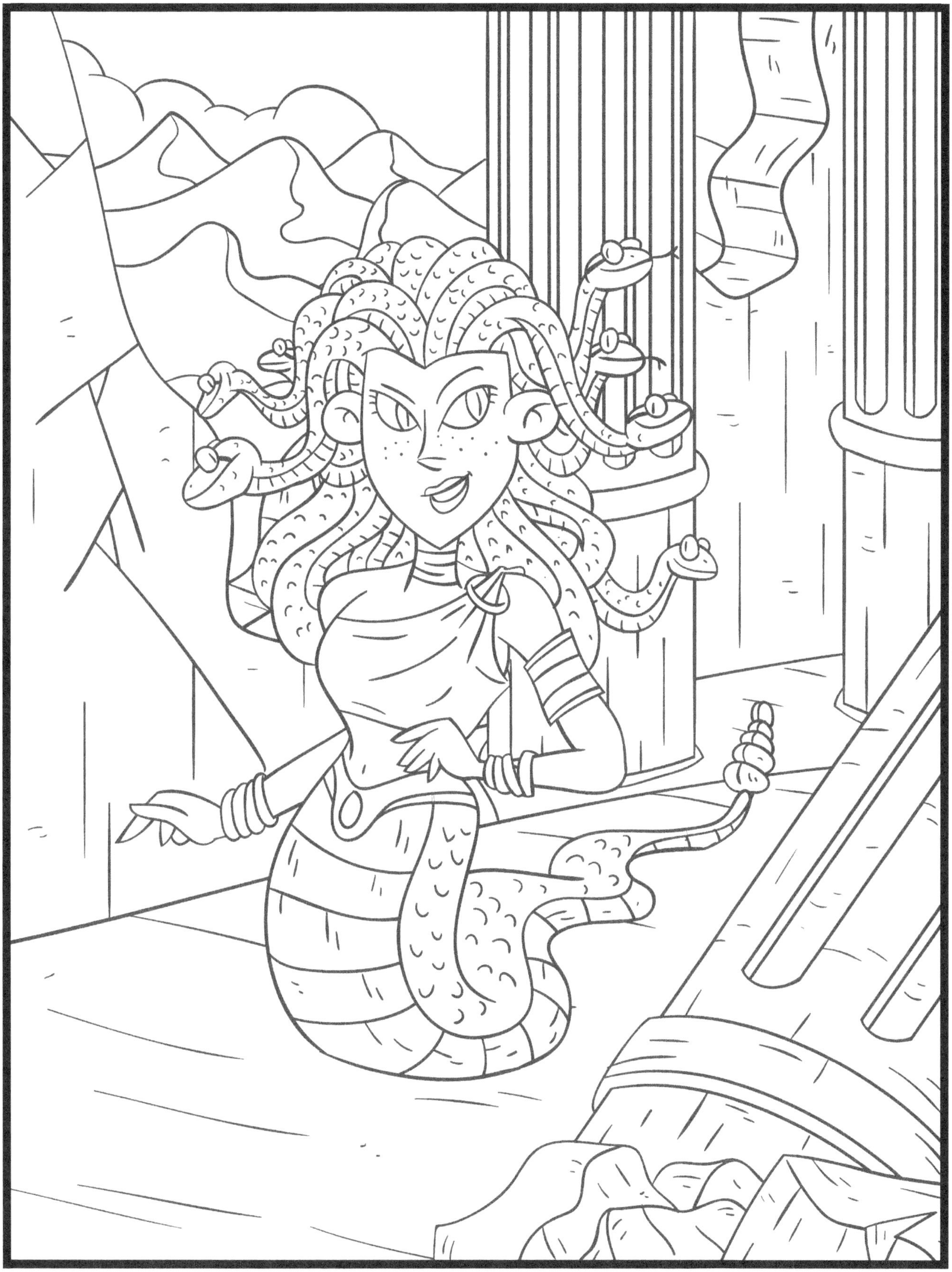

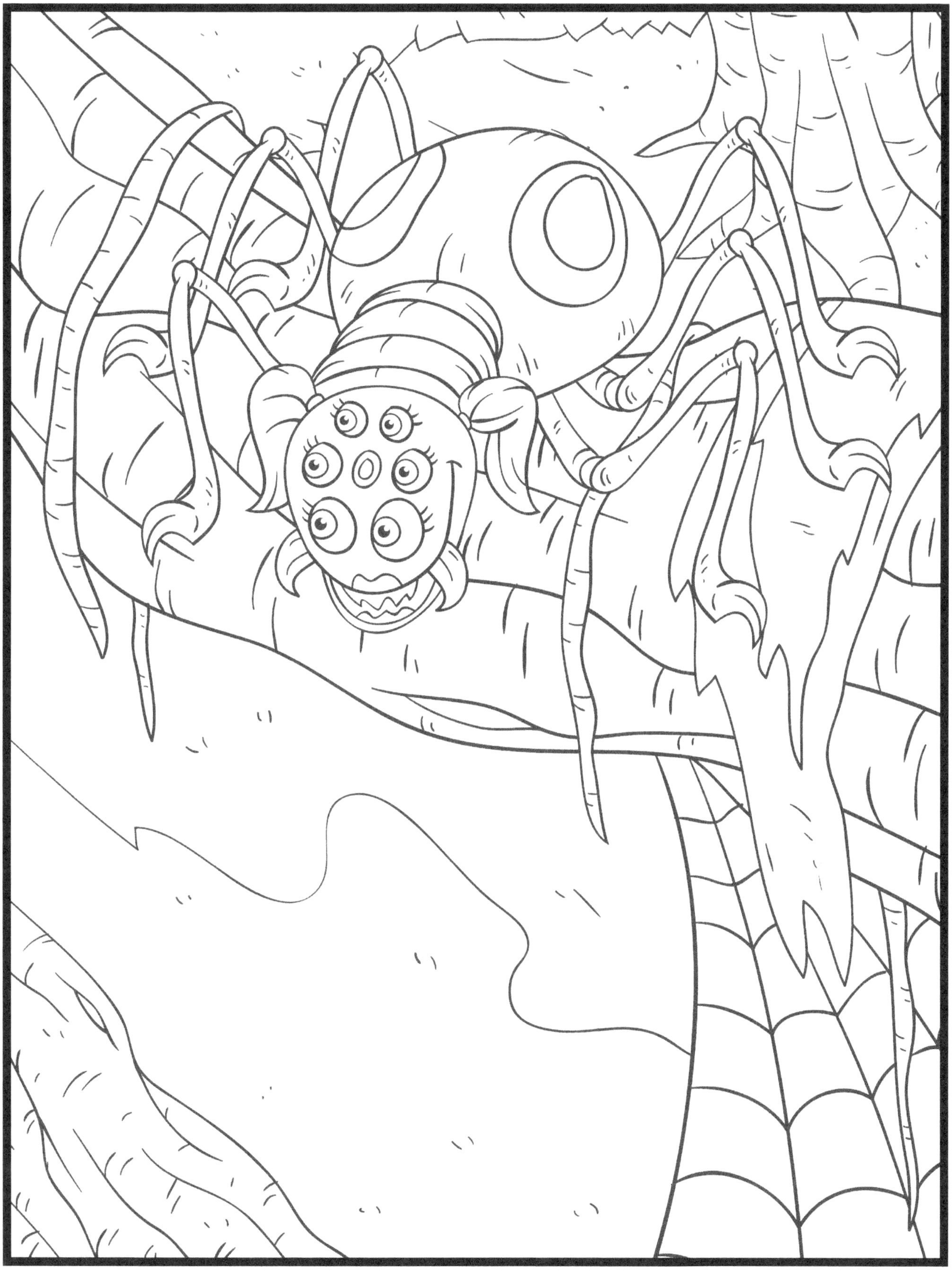

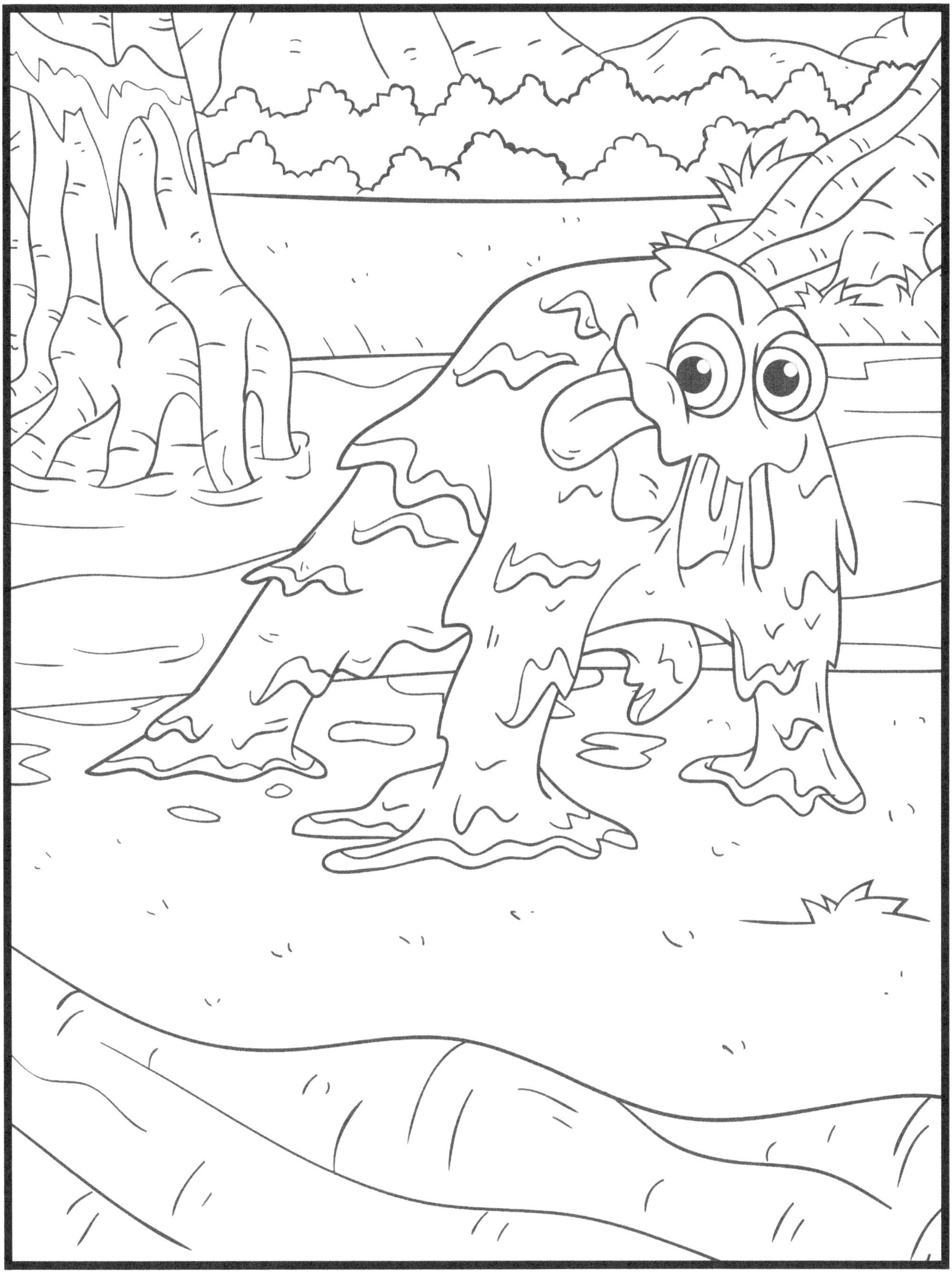

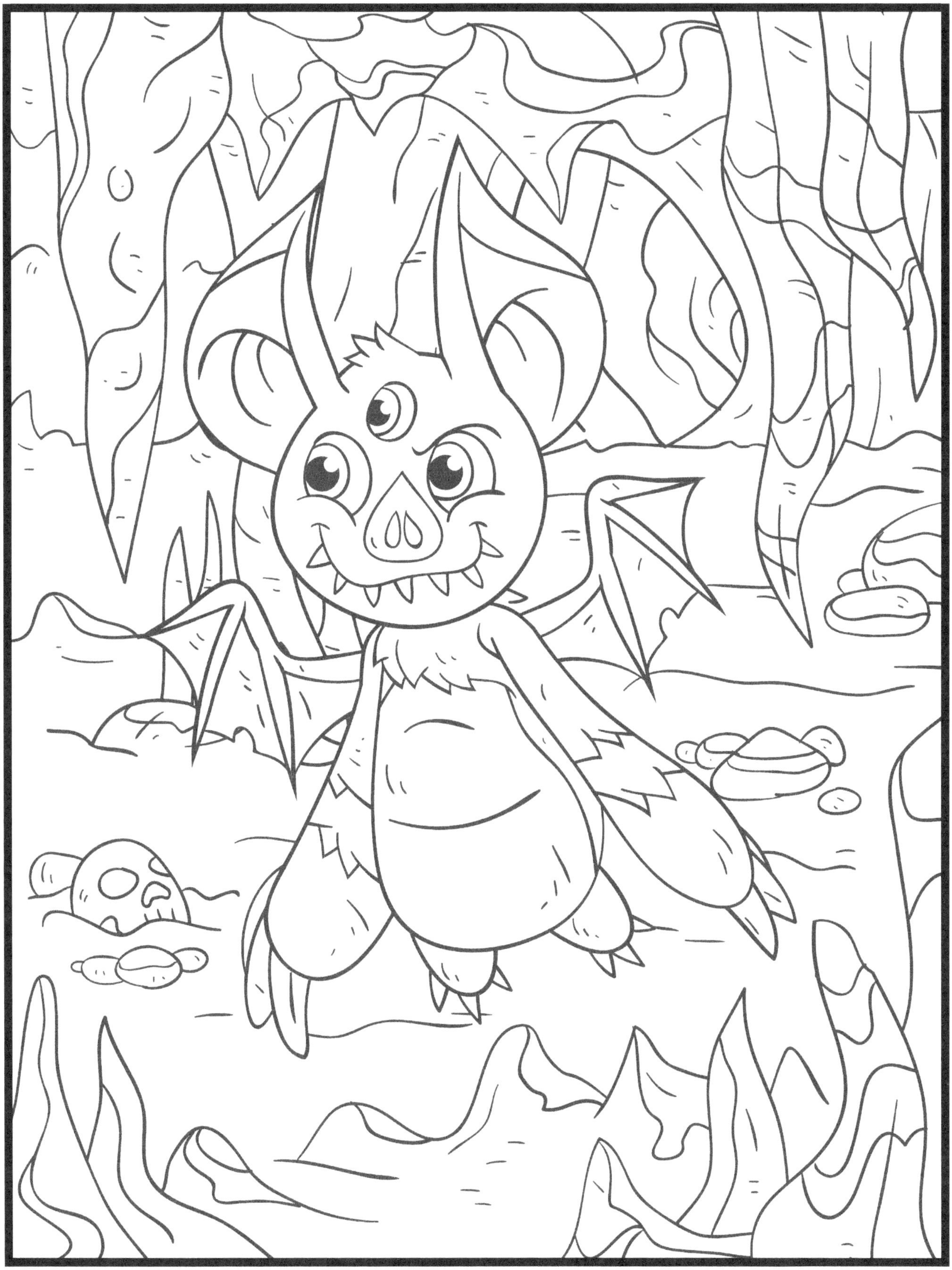

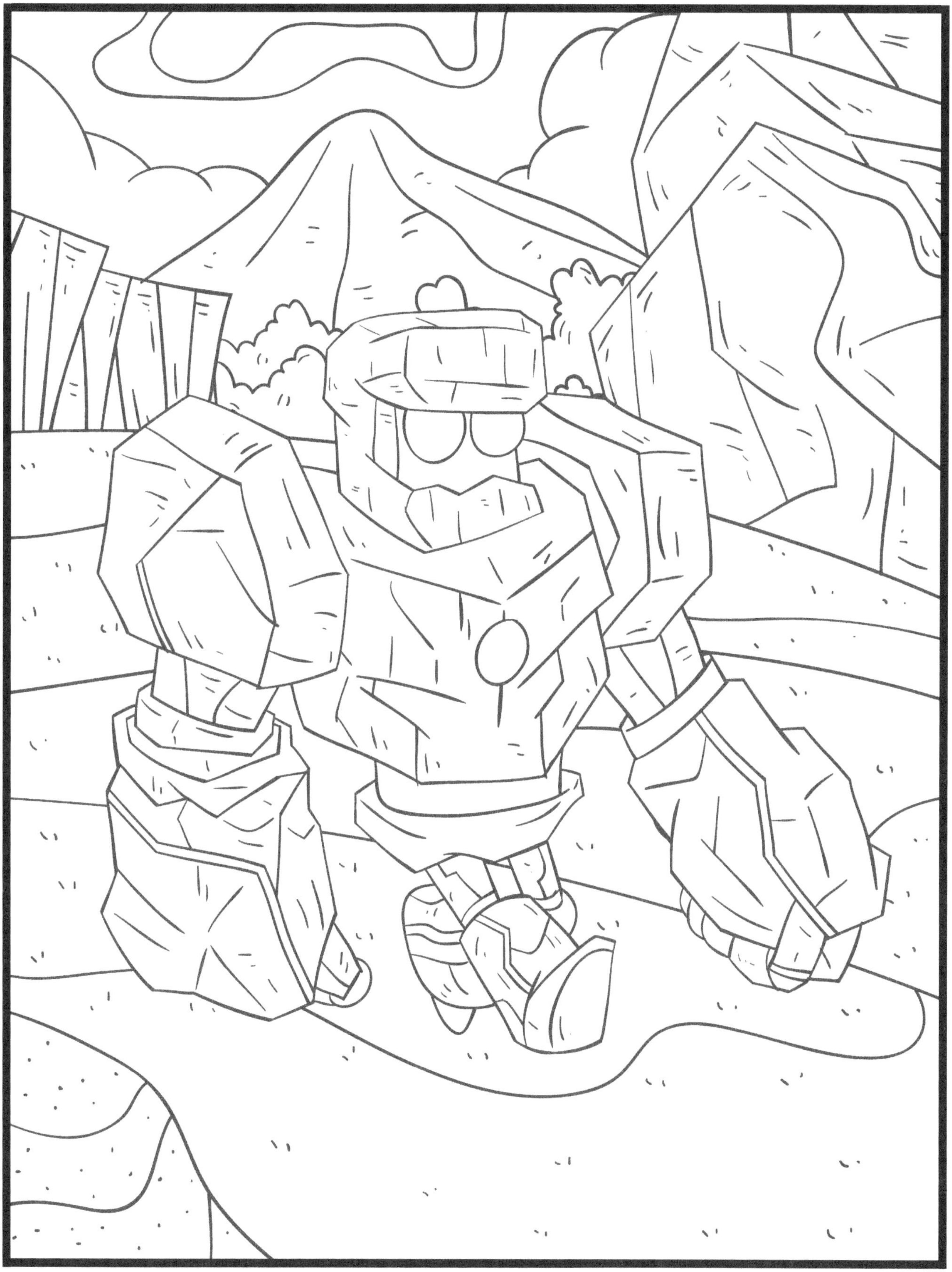

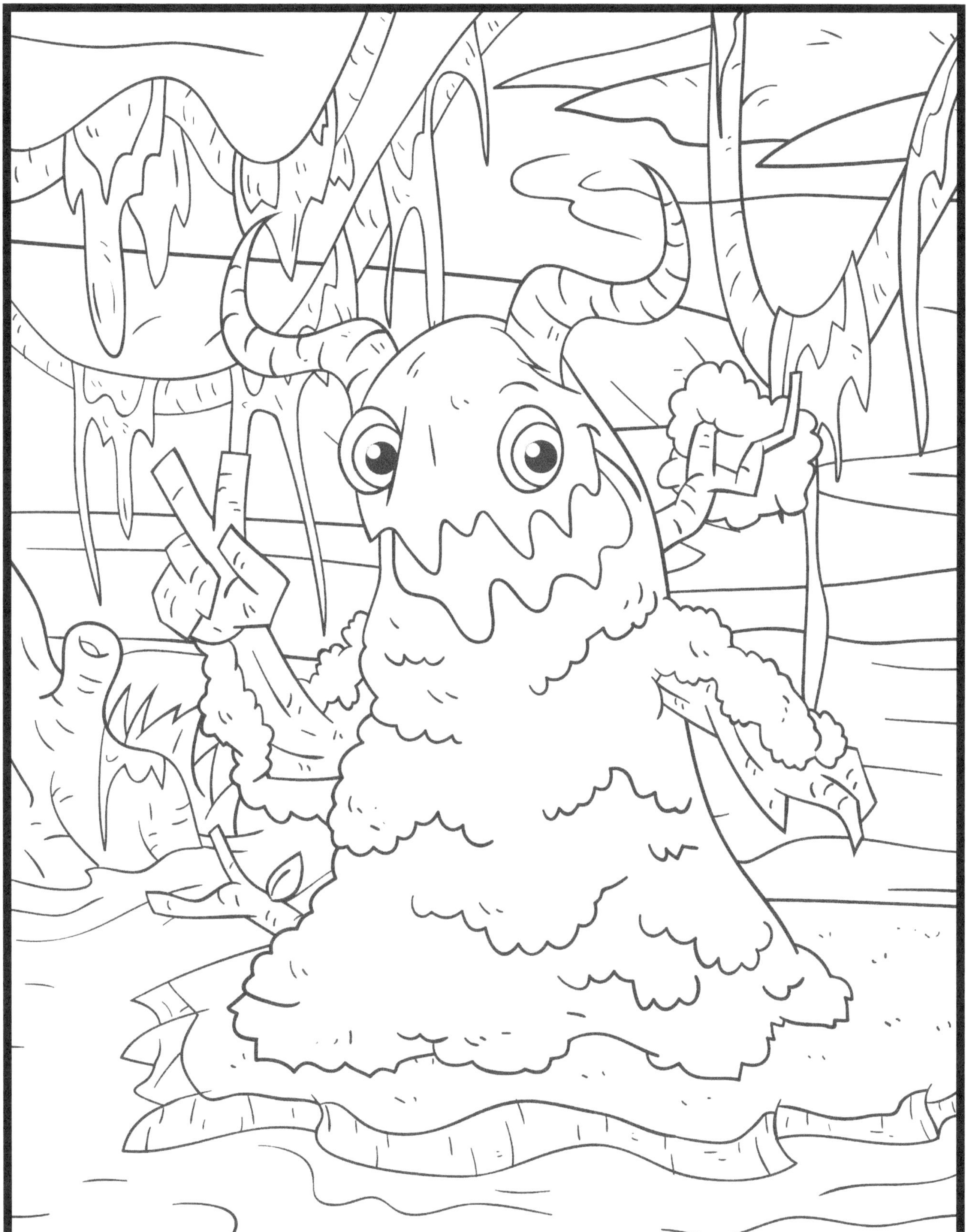

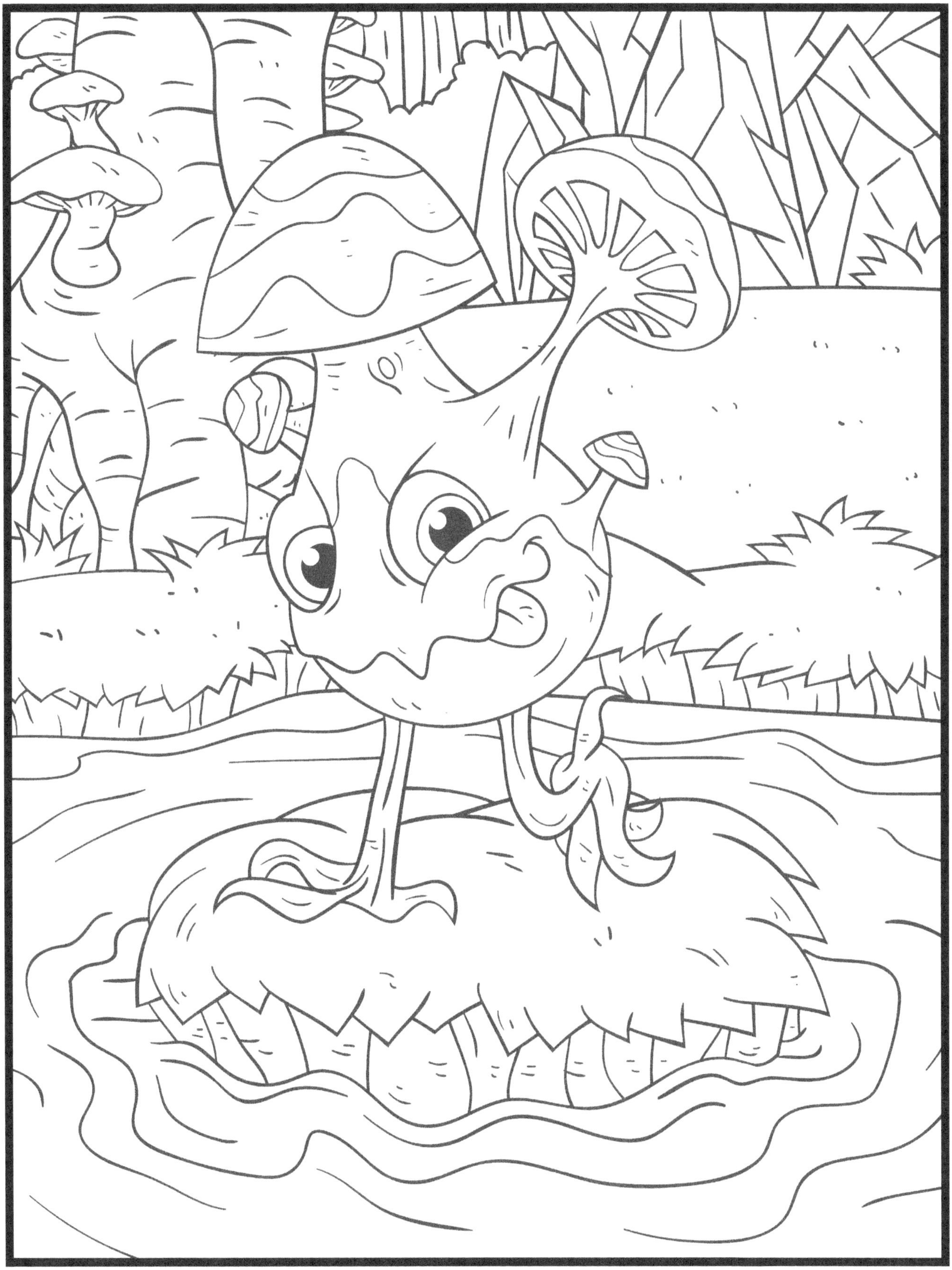

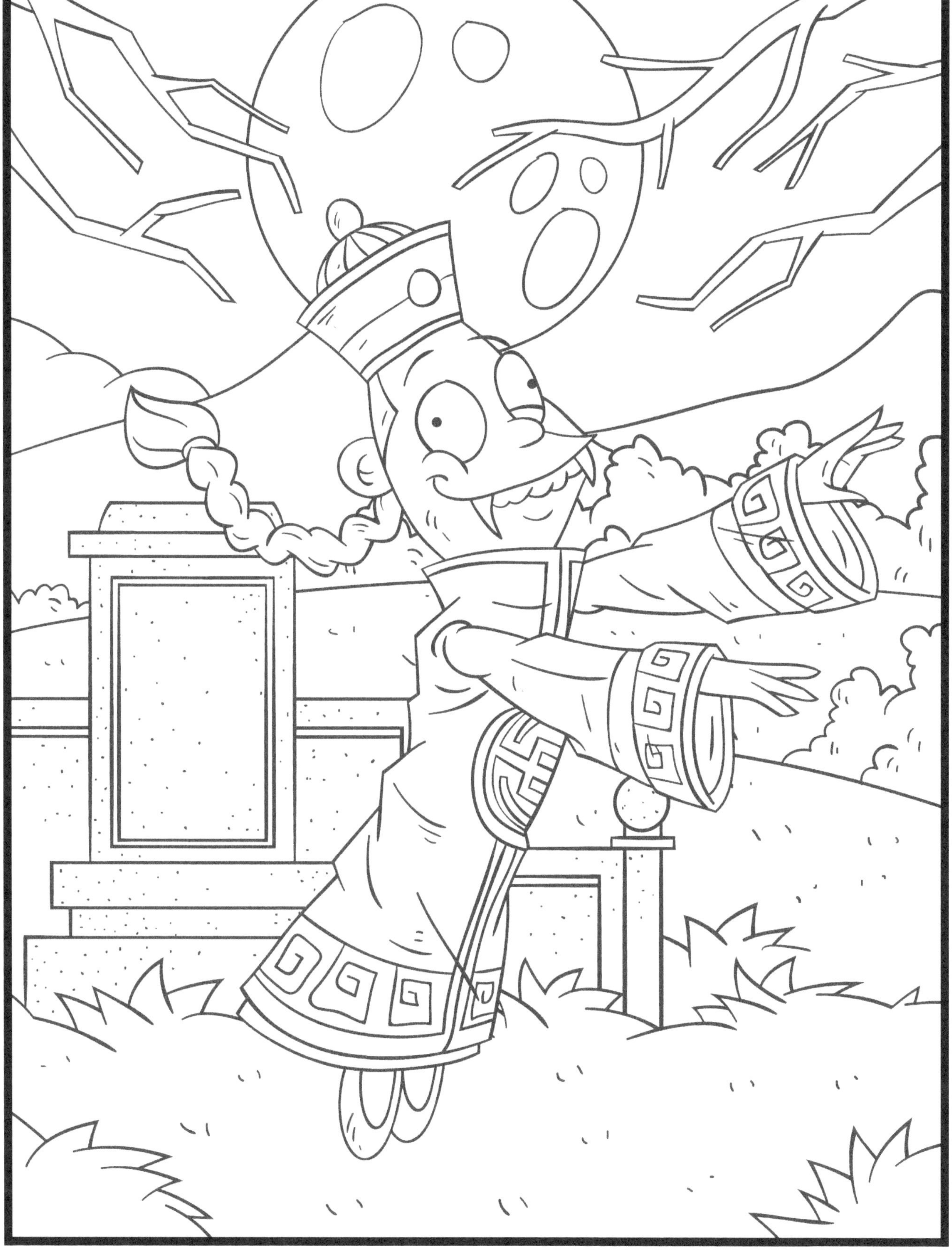

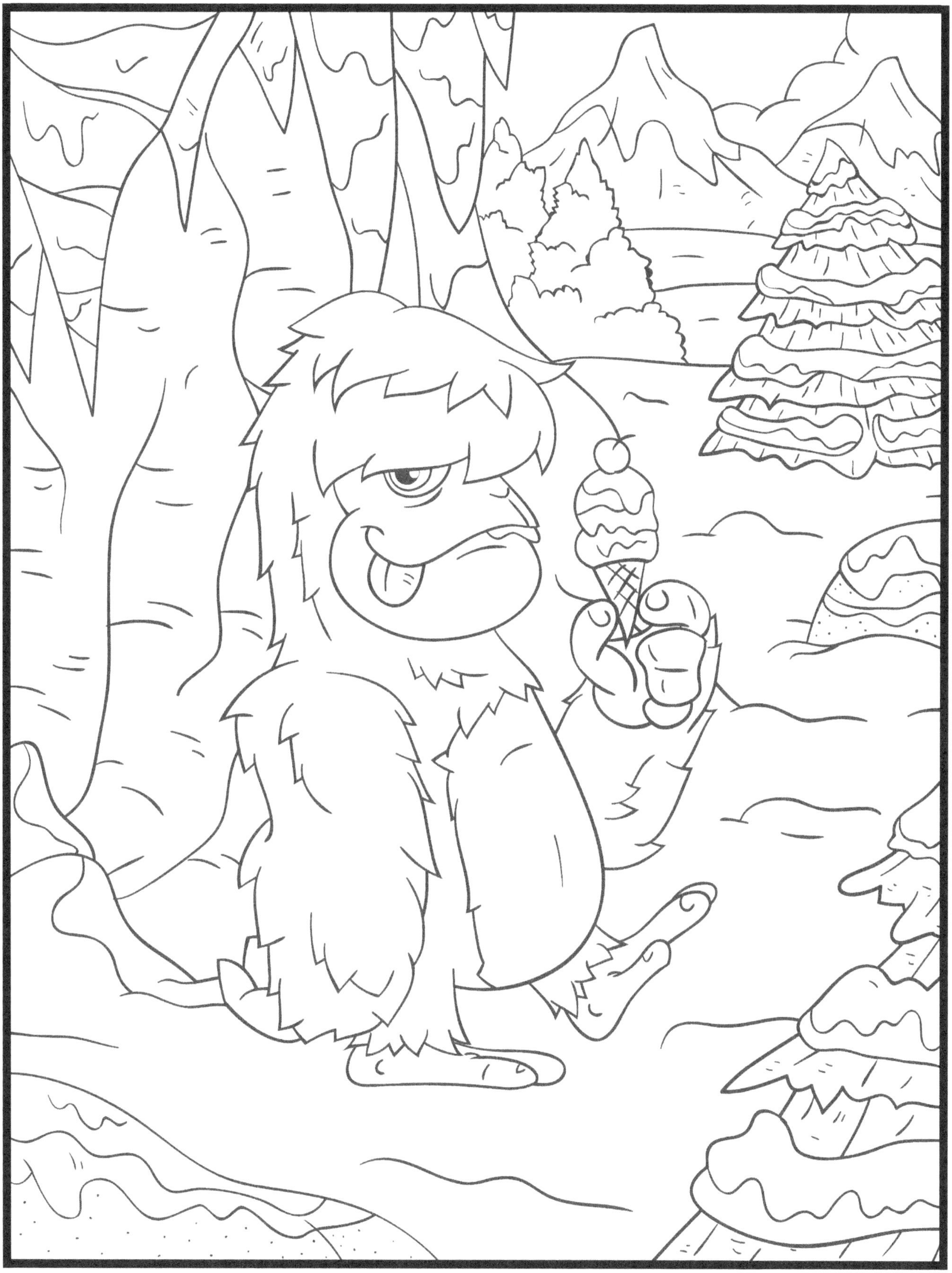

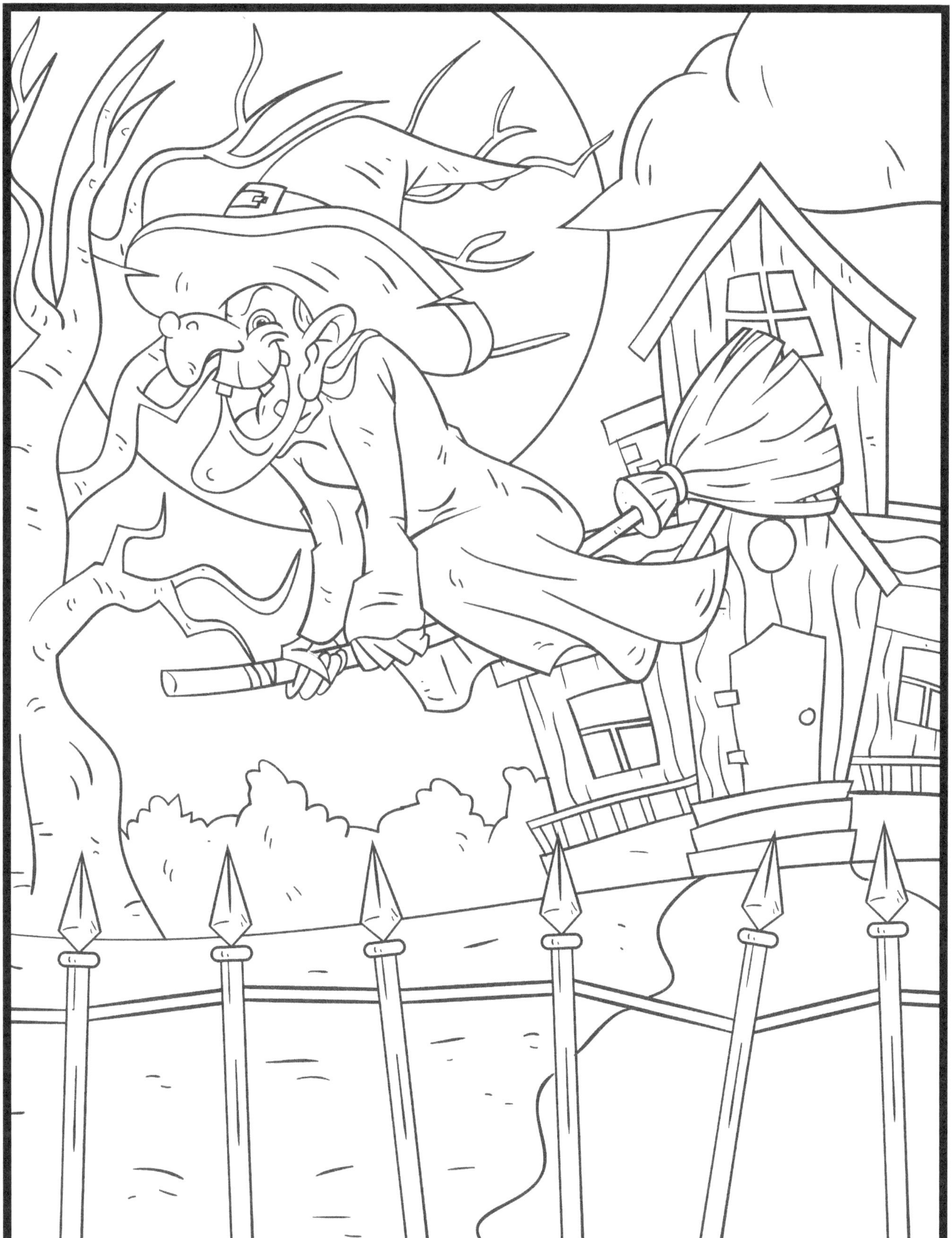

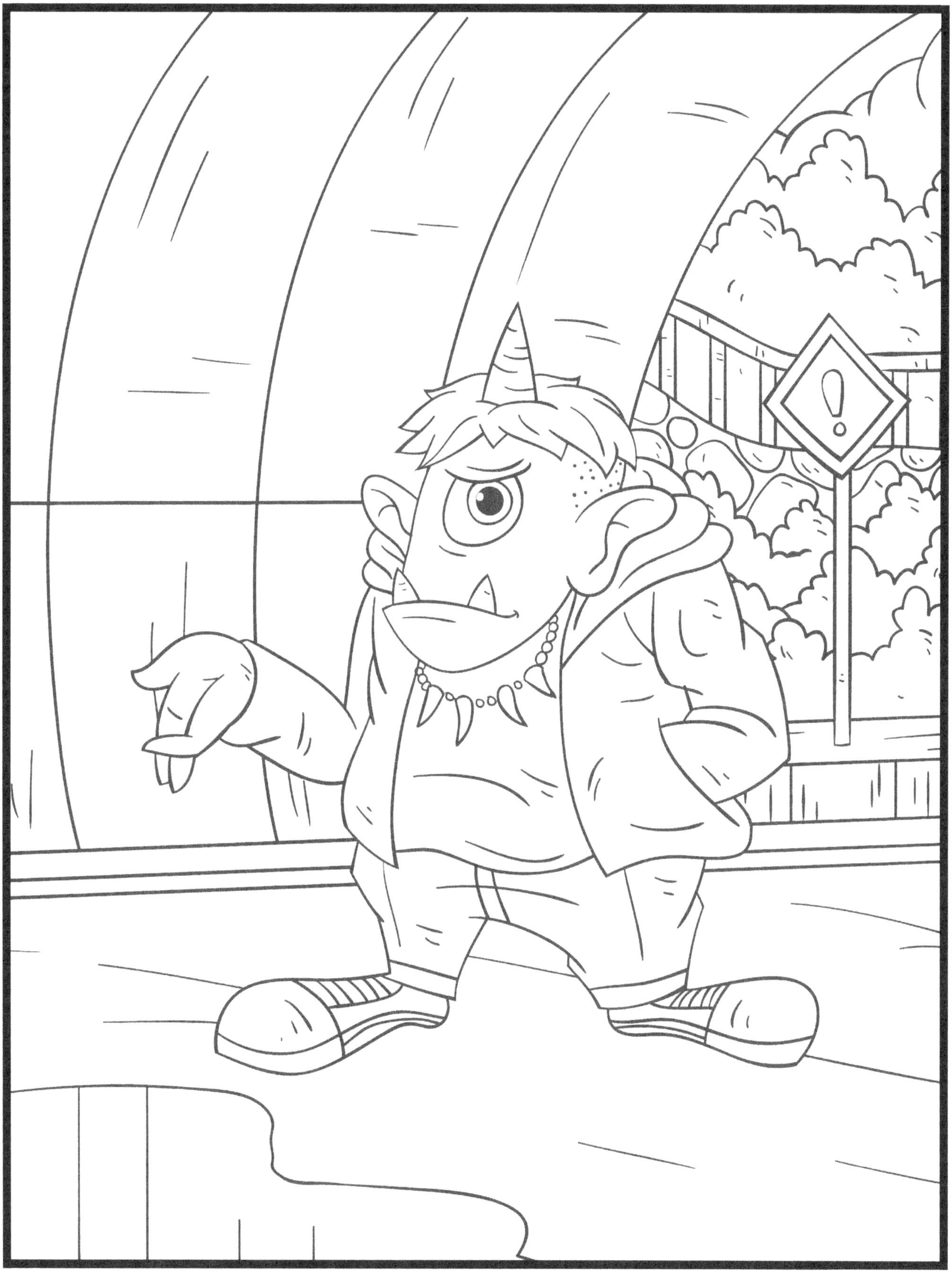

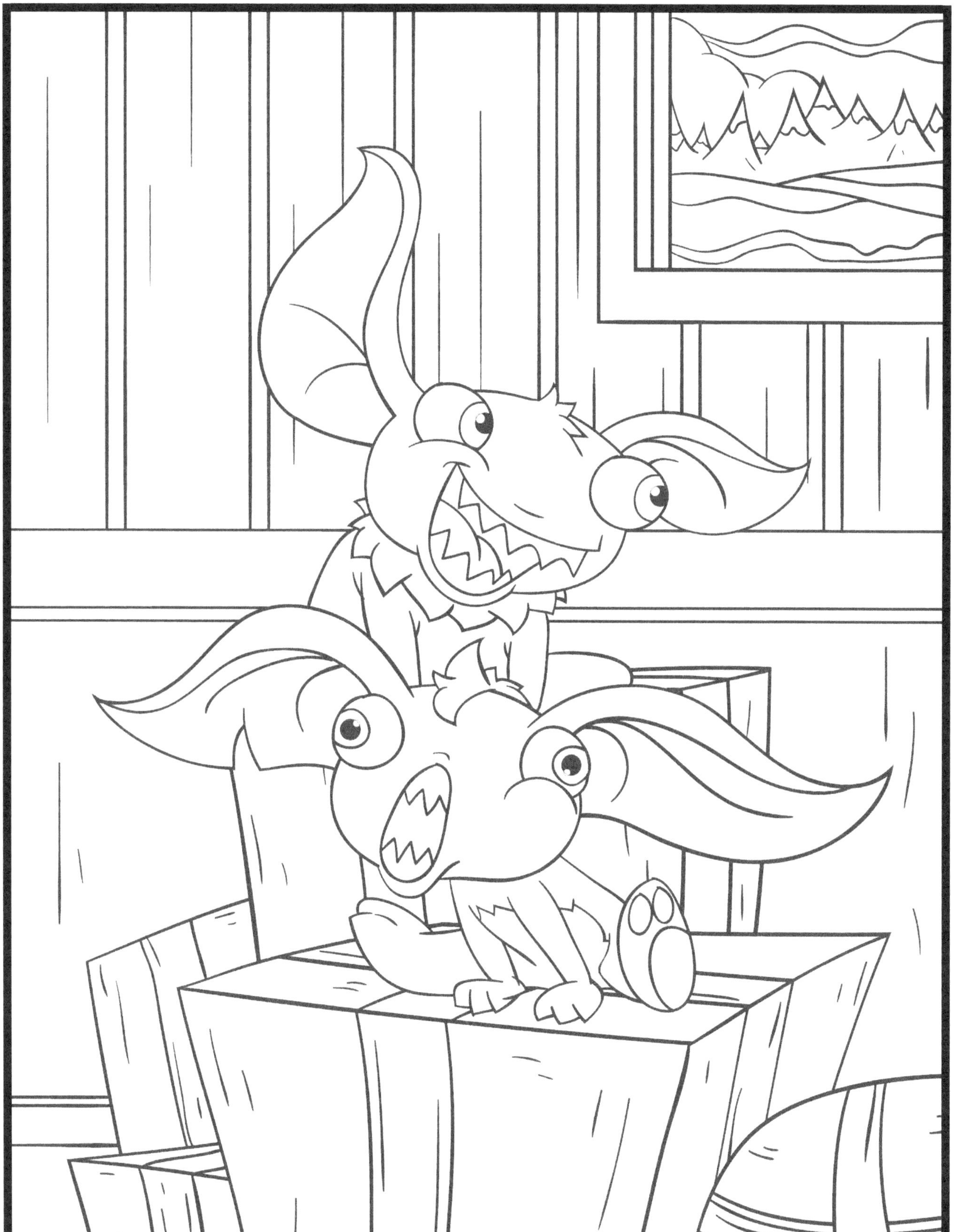

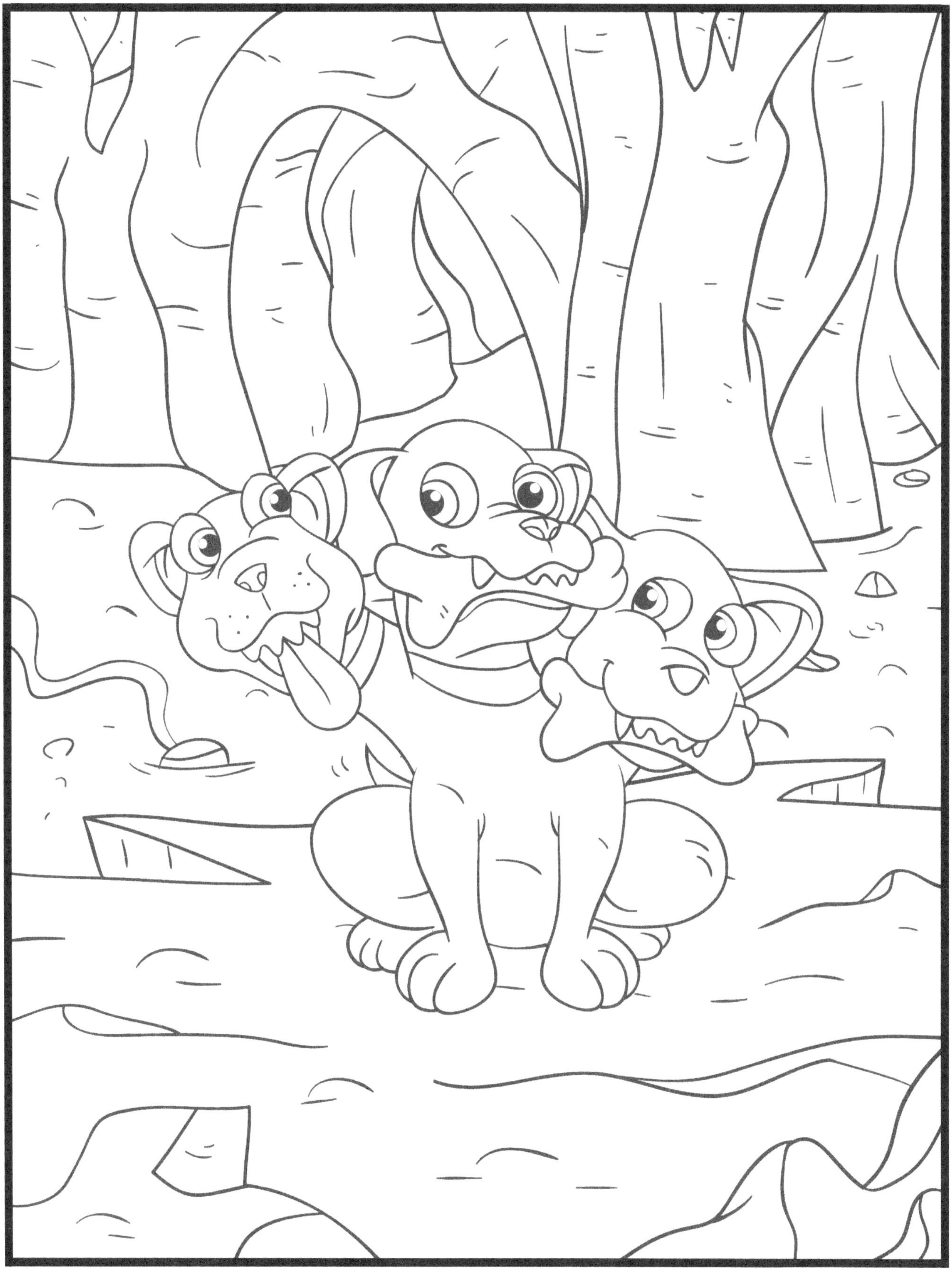

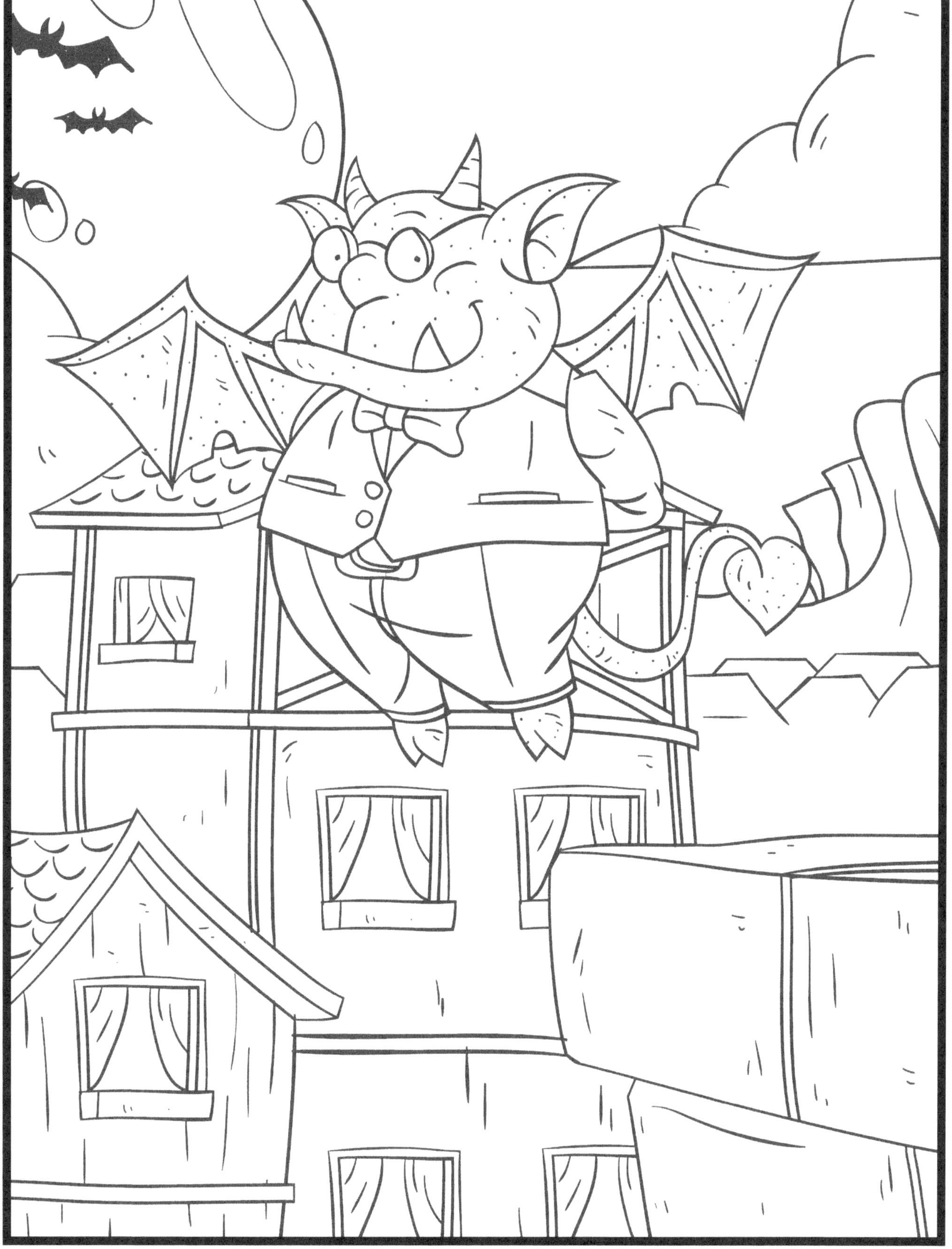

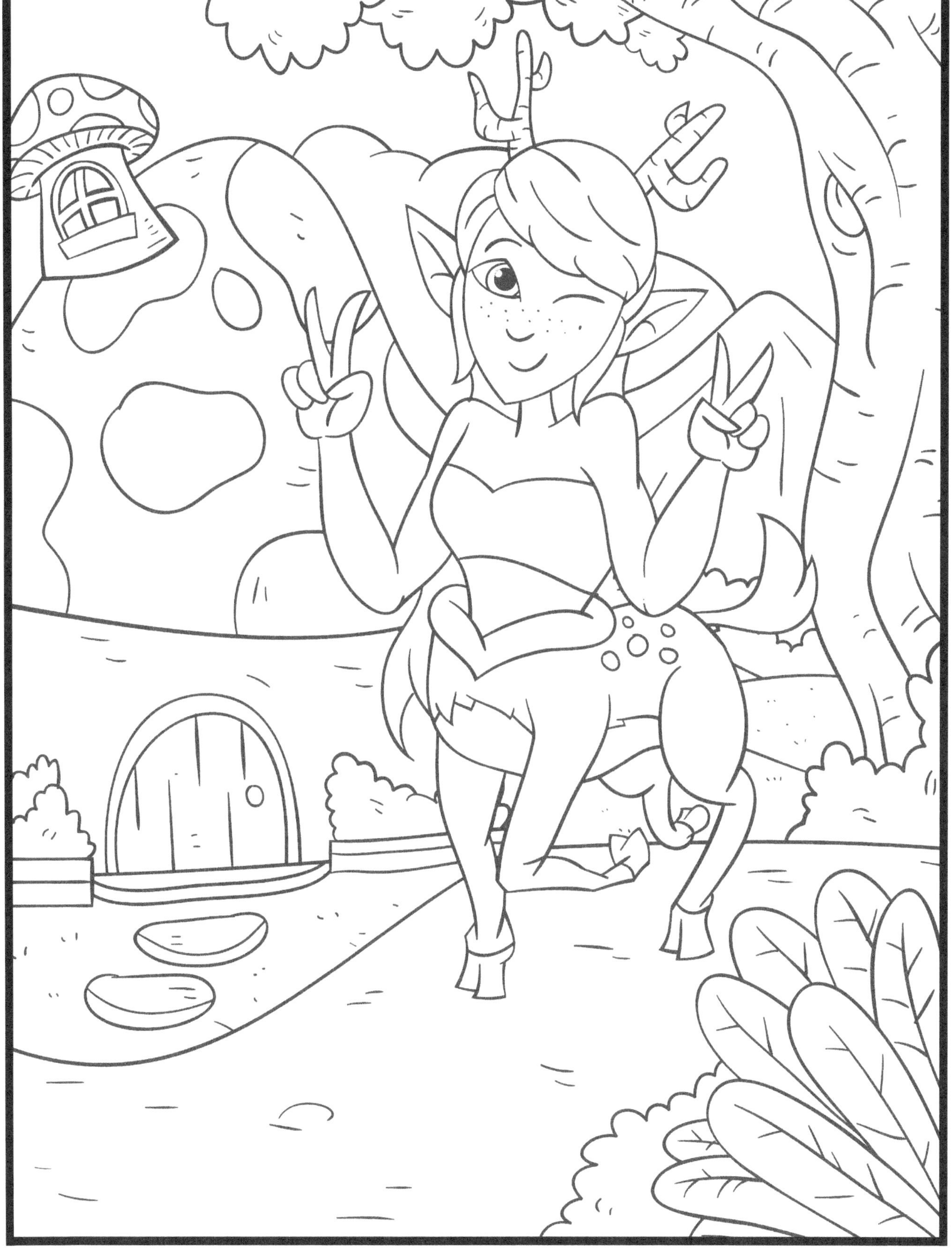

www.ingramcontent.com/pod-product-compliance
Lightning Source LLC
Chambersburg PA
CBHW081002220526
45467CB00008B/2668
* 9 7 9 8 7 0 3 7 4 5 9 0 8 *